AF338946

LE GOUVERNEMENT NÉCESSAIRE

PAR

OSCAR DE VALLÉE

LA DÉMOCRATIE S'ÉGARE
— UN GOUVERNEMENT SIMPLE, HONNÊTE ET LIBRE —
LA MAGISTRATURE — L'ADMINISTRATION
— LA PROBITÉ POLITIQUE —
LE ROLE DES ASSEMBLÉES — LE PRIX DE LA LIBERTÉ

PARIS

E. DENTU, LIBRAIRE-ÉDITEUR

PALAIS-ROYAL, 17 ET 19, GALERIE D'ORLÉANS

—

1871

LE

GOUVERNEMENT

NÉCESSAIRE

Paris. — Imprimerie de E. Donnaud, rue Cassette, 9.

LE
GOUVERNEMENT
NÉCESSAIRE

PAR

OSCAR DE VALLÉE

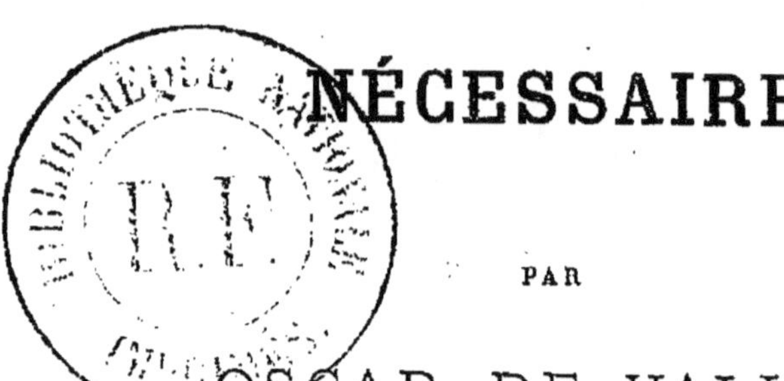

La démocratie s'égare.
— Un gouvernement simple, honnête et libre. —
La magistrature. — L'administration.
— La probité politique. —
Le rôle des assemblées. — Le prix de la liberté.

PARIS

E. DENTU, LIBRAIRE-ÉDITEUR

PALAIS-ROYAL, 17 ET 19, GALERIE D'ORLÉANS

—

1871

Ces lignes étaient écrites et je me disposais à les soumettre à l'appréciation du pays, quand l'orage, longuement amassé, a éclaté en flots de sang et de honte. Il y a longtemps en effet qu'il montait à l'horizon et qu'on le voyait se grossir des fautes des gouvernements, des excitations sans conscience ou sans prévision de leurs adversaires, des sottes crédulités, des basses complaisances et de toute cette poussière démagogique qui aveugle les peuples sans avoir rien de commun avec la terre qui nourrit et fait les citoyens. Déférée à un grand tribunal, l'histoire de sa formation y ferait bien des accusés et enlèverait à bien des hommes la faveur et la considération publiques. S'il nous reste du moins un peu de religion et la crainte d'un juge

suprême, c'est l'heure des contritions et des re-
pentirs ! Il faut aimer le peuple et non l'exciter,
l'éclairer et non l'exalter, lui apprendre à se conduire et non le déchaîner ; il est temps que toutes
les âmes généreuses se redressent contre un orgueil
qui dépasse celui des rois, l'orgueil populaire, et
contre des prétentions qui font oublier et qui sur-
passent les vieilles tyrannies.

Qu'avons-nous créé, en effet, avec tant de révolutions dont quelques-unes n'ont été que des révoltes ? Serait-ce l'amour de la patrie ? la France
démembrée répond dans sa douleur. Serait-ce
la liberté ? elle ne sait que nous tromper et nous
fuir ; nous avons d'elle une notion si imparfaite et
un sentiment si impur que nous la trouvons seulement dans le triomphe de nos passions et de nos
personnalités ! Serait-ce la justice ? On y pense
à peine ! Quant à la fraternité, on écrit son nom
sur des drapeaux et on envoie des balles dans
la poitrine de ceux qu'on appelle des bourgeois.

On l'a dit avec moins de raison et moins de douleur qu'aujourd'hui : nous avons créé l'esprit
de la guerre civile, esprit qui envenime toutes
nos institutions et les rend impraticables ! Tuons
cet esprit, ou il nous tuera après nous avoir dégra-
dés ! On cherche la cause de ces grands abandons
des peuples qui se réfugient dans la dictature et
ne voient plus dans la liberté que le sauf-conduit
de l'émeute : elle vient d'apparaître une fois de
plus avec un sinistre éclat.

N'écoutons pas cependant ces inspirations qui
tiennent du dégoût ni les conseils de la lassitude.
L'immense majorité de la nation ne s'associe ni
à ces erreurs ni à ces violences. Elle les maudit
et rend grâce à la force qui les réprime ; mais elle
sait bien que les remèdes qui font couler le
sang humain à flots n'assurent pas la guérison ;
elle demande qu'enfin par des institutions, par des
lois, par des mœurs, par l'énergie réveillée des
citoyens, par l'indomptable probité des magistrats,

on la délivre de cette milice de la tyrannie populaire, aujourd'hui bien démasquée et dont la nudité, en excitant le dégoût, laisse voir la sanglante faiblesse et la rage incendiaire !

Nous ne méconnaissons pas que les idées exprimées dans ce travail ont besoin d'être complétées et qu'il faut pour les réaliser un grand courage d'esprit, une rare force de volonté et un drapeau commun à tous les bons citoyens. Elles ne nous semblent pas, même après des jours si néfastes, absolument indignes de l'examen d'un peuple qui serait décidé à sortir de l'ornière de la guerre civile et qui, ne voulant pas périr, comme les républiques à prétoriens et à esclaves, prendrait le parti de refaire son âme et son histoire !

Mettons la dictature dans la loi, joignons-y l'énergie de ses ministres, le dévouement de l'armée, qui est le premier de ses agents ; surexcitons la passion du devoir et prenons tous en main la cause de la Société menacée. Cette dictature nous est moins familière que les autres, c'est la seule qui puisse sauver notre honneur et nous rendre l'estime du monde ! les autres dissimuleront le danger de la démagogie sans la détruire ; celle-là seule peut l'anéantir !

Juin 1871.

LE
GOUVERNEMENT
NÉCESSAIRE

I

LA DÉMOCRATIE S'ÉGARE.

Février 1871.

La démocratie française a de grands et nobles côtés, mais elle est bien imparfaite; elle n'a pas de doctrine arrêtée, elle se prête aux événements les plus divers, elle est pleine de contradictions, de mobilité, d'inconsistance; elle cherche tantôt dans des agitations, tantôt dans un repos absolu, son expression et sa grandeur. Il est temps qu'elle sorte de cette enfance et qu'elle ferme cette suite ininterrompue de révolutions qui viennent d'aboutir à d'incomparables malheurs. Le principe de la démocratie satisfait plus la raison que les autres principes de gouvernement qui ont régi ou qui régissent encore les peuples. La loi qui commande à tout le monde ne peut avoir, du moins, sur la terre, d'origine plus haute que la raison et la volonté communes. Souvent il sortira d'un esprit isolé des conceptions et des règles plus fécondes et meilleures que du sein du peuple assemblé, mais ces statuts isolés ont besoin de la consécration publique. Oui, désormais la grande source du droit politique est bien déterminée. Tous les peuples finiront par le reconnaître ou plutôt par le proclamer ; car déjà presque partout c'est une vérité dans les consciences.

Mais il ne suffit pas qu'un principe, pour dominer légitimement une société, satisfasse la raison ; il faut encore qu'il assure la justice et le bien commun, qui sont le grand objet des sociétés.

Tous ceux qui ont eu jusqu'ici une influence décisive sur la démocratie française semblent n'avoir pas compris cette nécessité ; ils se sont contentés de vivre et n'ont pas amené ce principe à des règles, à des mœurs, à des effets qui nous donnent enfin la sécurité et la force des peuples libres.

Cette œuvre que le génie politique indiquait au gouvernement de la France, quels que fussent son nom, sa forme et sa puissance, n'a pas été accomplie ; elle a même été rendue très-difficile. Sans méconnaître certains avantages de cette longue période d'oisiveté politique et de prospérité matérielle que nous avons récemment traversée, on est forcé de convenir que les mœurs publiques et privées y ont perdu plus qu'elles n'y ont gagné. La portion de la société qui veut étendre la révolution au delà de ses limites naturelles et porter la guerre jusqu'au cœur de notre organisation sociale, ne s'est pas apaisée ; elle semble, au contraire, plus nombreuse, plus ardente, plus décidée à la lutte ; la saine démocratie n'a pas appris à se conduire devant l'ennemi; elle ne semble pas préparée au rôle que les événements lui imposent. L'école libérale a cherché, sans beaucoup de succès, à la soustraire à l'action énervante d'une sorte de direction militaire ; les préfets et les maires venant à lui manquer, elle aura de la peine à trouver son drapeau ; elle va regretter le temps perdu dans la mollesse administrative, à moins qu'elle ne prolonge son abdication et que, confondant l'ordre avec les agents accrédités d'un pouvoir quel qu'il soit, elle ne continue à s'affaiblir et à se démoraliser dans le goût des faits accomplis. Tâchons qu'il n'en soit pas ainsi et que, cette fois du moins, la démocratie française se montre un souverain capable, résolu, sachant ce qu'il fait, aimant ce qu'il fera, écoutant des principes et non des clameurs, plaçant l'ordre ailleurs que dans un commandement excessif, et prenant sous son étroite protection et dans une maternelle tendresse sa fille vraiment légitime, la Liberté sous la Loi.

Épuisée et meurtrie, la France peut encore être à la tête des nations ; elle n'a qu'à faire vivre chez elle d'une vie régulière et forte les deux grandes règles de toute société humaine, l'égalité et la liberté ; qu'elle y ajoute, non comme un mot sonore et trompeur, mais comme une réalité sainte et chrétienne, la loi sublime de la fraternité : le monde recommencera bien vite à l'admirer et son génie purifié répandra partout, sans le secours des armes, des principes que les peuples ne tarderont pas à mettre à la place de la force et des rois militaires et violents. Mais cette régénération dont, sous l'étreinte du malheur, nous sentons tous la nécessité, comment s'accomplira-t-elle ?

Qu'allons-nous vouloir ? Sous quelle forme de gouvernement la France cherchera-t-elle l'ordre dont elle a tant besoin, la liberté qui fait les citoyens, l'union des âmes qui donne la force, la fin des querelles civiles, le respect chez les uns, l'amour chez les autres, chez tous le goût de cette moralité puissante destinée à devenir le titre de supériorité parmi les nations ?

Le nom de république a un grand charme pour les âmes généreuses et les esprits émus ; ce charme lui vient de l'histoire de l'antiquité et des élans naturels du cœur humain, parce que la république suppose dans les hommes de la justice, de la fierté, l'amour et le soin du bien public ; elle cache bien un fond d'orgueil, mais d'orgueil sensé et légi-

time qui se nourrit de devoirs, au lieu de s'enfler d'appa-
rences et de prétentions. Elle nous met au-dessus de nous-
mêmes et nous soustrait à l'égoïste isolement de la vie
privée. Ramené aux principes et aux habitudes de la doctrine chrétienne, se passant des rois, les remplaçant par
sa sagesse et par lui-même, l'homme est certainement
beaucoup plus grand dans cet état que dans la sujétion personnelle et l'obéissance irréfléchie. Mais de ces
belles régions la république est descendue sur nous
à plusieurs reprises ; elle y a rencontré à sa nais-
sance une nation étroitement serrée dans les liens
d'une monarchie absolue, qui, après avoir d'abord
relâché ces liens avec une admirable sagesse, presque
aussitôt embarrassée de sa liberté, la proclamant avec
ardeur et inhabile à s'en servir, avait été condamnée
à une lutte armée contre l'ordre militaire et despotique
de l'Europe que nous avions ébranlée. Puis, sous une
forme de gouvernement qui promet aux hommes de les
rendre plus grands et meilleurs, le sang de la France a
coulé par tous les pores. Pleins de la démence révolutionnaire, des sectaires ont dit qu'il fallait mettre la
terreur au service de la vertu et ils ont essayé de rajeunir la patrie dans les supplices. La république alors ne
s'est plus laissé voir que dans un nuage de sang, et l'âme
de la France s'est éloignée d'elle comme d'une illusion
cruellement déçue. Les bons citoyens auraient pu trou-

ver dans leur courage, dans leur union, dans leur énergique volonté, les moyens de rendre à la république son
image naturelle en lui arrachant ce masque ridicule et
sanglant dont quelques fous ambitieux avaient couvert
son visage. Mais la nation, habituée à craindre le gouvernement, a supporté cette horrible tyrannie. Cette
étrange soumission d'un peuple au despotisme républicain d'une minorité fanatisée amena contre la république une profonde inimitié, l'inimitié de l'homme qui
a subi des outrages sans courir aux armes et dont la
faiblesse irrite et fait durer la haine. C'est ainsi que pour
longtemps le nom de la république perdit sa beauté
théorique aux yeux des hommes intelligents et devint
pour la masse un sujet d'épouvante et de répulsion. Les
choses allèrent si loin que, même pour organiser la démocratie française dans l'égalité, il fallut un despotisme
né de la révolution, plus absolu que la monarchie
détruite et mitigé seulement par la gloire. Ainsi que je
l'ai écrit ailleurs (1), si Dieu avait pu mettre dans une
même âme le génie de la guerre et le génie de la liberté,
et si Napoléon apaisé eût employé sa puissance et son prestige à fonder la liberté, il y eût peut-être réussi. Il a longtemps décrété l'héroïsme; lui était-il donc impossible d'inspirer le goût et de donner l'habitude de la liberté ? Quel

____

(1) *M. de Malesherbes et la liberté de la presse.*

rôle et quelle grandeur! passer de Napoléon à Washington, quitter la pourpre inutile, changer l'empereur en magistrat, faire de ses incomparables soldats des citoyens et de là, sur cet admirable édifice, défier le passé et préparer l'avenir ! Quel nom immense et béni il eût laisé aux hommes, au lieu de ce mirage de gloire obscurci par l'invasion et de cette fausse discipline qui a laissé la France aux mains des révolutions et du hasard ! Quelques-uns assurent qu'il a entrevu ces grands devoirs en 1815 et que sa pensée s'est alors arrêtée sur ce noble but; mais il était trop tard et d'ailleurs, même alors, il ne conçut pas ce projet avec passion ; le vieil homme survivait et tenait captive cette haute pensée. Il s'en échappa toutefois quelques éclairs. Ainsi quand, au nom du conseil d'État, M. Defermon vint lui tenir un langage plein de raison et de fermeté qui ouvrait un jour incomplet sur ces belles perspectives, il lui répondit un mot qui, réalisé, eût tout changé : « Les princes sont les premiers citoyens de l'État !... » Un peu plus tard il disait à la Chambre des représentants : « Les hommes sont trop impuissants pour assurer l'avenir ; les institutions seules fixent les destinées des nations. » Quand la France sortit de ces longues épreuves de guerre, d'abord si glorieuses, à la fin si impuissantes, on vit distinctement que l'œuvre de la révolution était inachevée et que le règne de la liberté n'avait pas commencé ; les événements

alors ne permirent pas de songer à la république ;
l'eussent-ils permis, la nation avait des sentiments très-
arrêtés et très-profonds contre cette forme de gouvernement. Personne ne songea à s'adresser à elle pour ré-
soudre le problème qui venait de se poser devant l'âme
émue et puissante du vaincu de l'Europe. On crut qu'une
monarchie constitutionnelle réglée par un pacte, soumise à des règles, animée par la tribune, éclairée et
contenue par la presse, était plus propre à l'éducation
libérale de la France. L'essai a eu beaucoup d'éclat,
mais il n'a pas réussi. La monarchie constitutionnelle
n'a pas su pénétrer assez profondément dans le cœur
et dans l'esprit des masses ; elle a procédé avec trop
d'inquiétude et de défiance ; elle a trouvé dans les
classes dirigeantes plus de modération que d'énergie et
beaucoup moins d'initiative qu'il en eût fallu ; pour
tout dire, elle est restée constamment sur la défensive, au
lieu d'avancer résolûment, en étendant de plus en plus
les droits et les devoirs, la participation des citoyens à
la chose publique, en se faisant aimer non-seulement
par les résultats d'un gouvernement doux et sensé, mais
par ce qui attache et soulève les hommes, comme le
meilleur organe de justice, de liberté et de protection.
Ceux qui la conduisaient ont supposé qu'ils n'avaient
pas besoin de la fortifier au contact des racines profondes
du droit populaire et qu'ils pouvaient se borner à en

faire un gouvernement de sagesse moyenne et d'éloquence.

Cependant la doctrine républicaine, dont la majorité du pays ne se rapprochait pas, exerçait sur une minorité active et passionnée une influence souveraine ; désavouant les excès de la première république, cette doctrine s'attachait fortement aux principes de la démocratie ; elle élevait, avec plus ou moins de sincérité, contre la négligence morale du gouvernement et des classes moyennes, le drapeau de la probité politique et de la générosité personnelle ; enfin elle avait trouvé dans un sentiment un peu confus, mais déjà très-prononcé de réforme sociale, un puissant auxiliaire. La république fut proclamée à la suite d'un mouvement révolutionnaire qui dépassait les sentiments et les désirs de la nation ; l'occasion pouvait néanmoins être bonne, à la condition de réagir, non par de vains discours, mais par une volonté vigoureuse et une pratique irrésistible, contre le tempérament affaibli des classes moyennes. Il fallait leur donner confiance et ne pas essayer inutilement de les contraindre. On vit bientôt que la doctrine qui avait prévalu en une journée et par un succès matériel dans Paris n'était pas une grande et réalisable doctrine de gouvernement. La persuasion fut sans résultat, la force sans puissance. La double tâche qui s'imposait à la république ne fut ni vivement sentie ni résolûment tentée ; reléguer dans la théorie les idées inutiles et inquiétantes et introduire dans les masses l'esprit du devoir et le sentiment du respect, à la place d'une vaine surexcitation et d'une ardeur excessive de souveraineté, telle était l'œuvre ! Le but se montra sans doute à quelques esprits, mais il ne fut pas l'objet d'un programme arrêté ; on ne se dirigea pas vers lui ouvertement ; on s'égara dans de vieux préjugés, on crut à l'empire des formules, on ne s'empara point des consciences et on ne tint pas des intérêts le compte qu'il en faut tenir, même quand on est décidé à ne pas leur sacrifier trop de choses. Cependant l'épreuve républicaine de 1848 a singulièrement affaibli l'image et les souvenirs de 93, et pour beaucoup d'hommes attentifs, il est à peu près certain que, sans les prétentions socialistes en face d'une société plus que jamais ardente à posséder et à acquérir, l'épreuve eût été bien plus longue, sinon définitivement plus heureuse.

Aujourd'hui des malheurs inouïs, qui dépassent peut-être ceux que nous avons infligés aux autres, succèdent à un excès de monarchie dans lequel la France s'est complue. La république a été de nouveau proclamée, mais sous un titre à la fois national et provisoire, plutôt comme une dictature sans institutions que comme une forme de gouvernement délibérée et définitive. Au milieu de toutes nos souffrances, un sentiment entre dans tous les cœurs, une espérance soutient et soulage les âmes. Au contact de cet immense incendie la démocratie française qui a voulu, soutenu et laissé tomber les gouvernements les plus divers et les plus contradictoires, va enfin trouver sa régénération et sa voie ! Tant et de si dures leçons nous auront appris qu'un peuple ne grandit pas au sein des expédients, dans une instabilité chronique, en écrivant partout des principes et en ne les pratiquant pas ! Oui, Dieu voudra que de cette France, inondée de sang, on voie sortir une société libre, forte, attachée à des règles, solidement assise sur des lois équitables et montrant enfin qu'une démocratie est capable de fixité, de fécondité et d'éclat. La Prusse, qui s'est rendue notre éternelle ennemie, a connu avant nous les douleurs de l'invasion ; elle s'y est régénérée, mais seulement dans la discipline et dans la force ; elle est encore à chercher notre égalité civile, notre tribune, nos libertés, notre génie expansif, notre influence morale. Ses victoires ne la mettront en Europe à la tête ni des idées ni des principes. Ce n'est pas par elle que s'accomplira la véritable émancipation des peuples ! Qui sait d'ailleurs si la force elle-même ne brisera pas bientôt cet orgueil allemand qui a tous les traits de la barbarie ? Mais si cette consolation nous était trop longtemps refusée, nous avons un moyen assuré de frapper cette race aveugle de rois et de Richelieu germaniques; c'est d'élever le principe d'une société libre assez haut pour qu'il les domine et fasse de leur puissance et de leurs injustices un contraste avec l'équité et la modération des peuples. Etablissons chez nous, sur cette base de la démocratie, il n'y en a plus d'autre, un gouvernement, république ou monarchie (le nom est indifférent puisque l'hérédité n'est plus qu'une fiction), que nos volontés, nos lois et nos mœurs rendent solide et grand ; nous détruirons sans armes les couronnes inutiles et dangereuses, et le bon sens des peuples, n'étant plus arrêté dans ses élans vers la théorie par les déceptions de la pratique, mettra partout le droit à la place de la force.

Nous espérons donc aussi, nous, la régénération de la France; nous sentons qu'elle importe à notre honneur et au salut de la liberté et de la justice dans le monde. Nos immenses douleurs suffiront-elles pour la produire, comme il suffit à la terre de s'engraisser de sang humain pour donner en abondance des fruits et des moissons? Chacun de nous trouvera-t-il dans son désespoir et dans son courage de quoi changer tous ses défauts en patriotisme, en abnégation, en sagesse politique? Non! Nous avons absolument besoin d'être soutenus dans cette transformation nécessaire par un gouvernement qui nous y pousse, par des institutions qui nous y aident, des lois qui nous y forcent ! Pourquoi le dissimuler ? C'est une réforme qui rencontrera bien des obstacles, mais c'est d'elle que dépendent désormais dans le monde notre honneur et notre rôle. Si elle ne s'accomplit pas, nous resterons sans doute un peuple ouvert, intelligent, communicatif, facile, généreux et brillant ; mais nous ne serons plus ni un grand peuple ni une grande puissance. La mission de la république, si c'est elle qui persiste, est donc toute indiquée, et cette mission s'impose tellement au gouvernement de la France que, si la république est bien inspirée et songe à vivre autrement que par des proclamations, elle se mettra immédiatement à l'œuvre pour la remplir. La république rencontre encore aujourd'hui de vives répugnances, des préjugés, une force considérable d'opinions et d'habitudes, sans compter les résistances intéressées et de beaucoup les moins fortes ; elle doit donc séparer immédiatement sa cause de toutes les exagérations qui l'avoisinent, la considèrent comme à elles, ne la reconnaissent que sous leurs traits et l'accusent d'être une monarchie déguisée, aussitôt qu'elle repousse leurs folies et combat leurs violences.

II

UN GOUVERNEMENT SIMPLE, HONNÊTE ET LIBRE.

Le premier sentiment qu'il faille inspirer à la France est celui de la sécurité, non pas ce sentiment égoïste, personnel, sans rapport avec la chose publique, aliment des pouvoirs absolus ; mais ce besoin moral qui, sans exclure l'agitation féconde des pays libres, repousse les désordres dans lesquels la liberté perd son charme et ses bienfaits. Tout gouvernement qui ne saura pas le satisfaire sera bientôt délaissé ; les principes n'y pourront rien, les théories y perdront leur empire, l'expérience même ne servira pas et la France ira de nouveau sommeiller et se perdre dans une dictature. Il y a donc là un point capital. Un homme qui depuis longtemps a mis au service des idées les plus avancées la plus ardente imagination, M. Michelet l'écrivait récemment avec beaucoup de sens politique : « En France, la révolution est finie ! » Il importe que ce mot soit une vérité. Si la république l'adopte et si le pays est convaincu de sa sincérité, elle aura écarté de sa route le plus grand obstacle. C'est sur ce terrain que jusqu'ici la monarchie l'a aisément vaincue. Seulement la monarchie doit avoir, même en cela, perdu beaucoup de son crédit ; car la sécurité qu'elle donne finit par de terribles surprises. C'est donc à la république, ou plutôt au suffrage universel qui la domine, qu'il appartient de réaliser cette première et décisive condition d'un gouvernement. Le suffrage universel, instruit par tant d'expériences, connaissant bien la valeur des partis, ayant appris à distinguer les ambitieux et les impuissants, se plaçant au-dessus des clameurs et des succès plus ou moins violemment obtenus, peut aisément confier cette tâche à des hommes qui, libres envers tout le monde, soient décidés à fonder un gouvernement simple, honnête et libre.

Un gouvernement simple, honnête et libre, telle est, en effet, la réalité qui doit sortir d'une démocratie éprouvée comme la nôtre, lasse de son instabilité et durement punie pour n'avoir pas encore arrêté et réglé sa vie. Nous nous querellons sur de vieux mots et sur de vieilles choses ; nous échangeons des reproches sur le passé et chacun est prêt à dire, en dépit des leçons de l'histoire, que son dogme politique est de beaucoup le meilleur. Eteignons ces querelles et simplifions les idées.

Après la sécurité, la première condition d'une démocratie est la simplicité dans la forme et dans le fond des choses ; l'éclat dans la puissance est un reste inutile et dangereux du passé. Cet appareil des armes, du luxe, des décorations, des splendeurs extérieures, n'excite plus que la curiosité ou une puérile admiration. Il n'y a là ni force, ni prestige, ni réelle influence sur les qualités qui soutiennent un Etat. C'est au contraire le foyer des sentiments les plus faux et les plus contraires aux principes de la démocratie ; on s'y croit non-seulement au-dessus des autres, mais très-aisément au-dessus des lois ; on n'obtient par cet éclat aucune déférence sincère ; on prélève sur le budget une trop large part qui sert à alimenter des faiblesses et à exciter l'émulation des flatteries et des complaisances. Quoi qu'on fasse à cet égard, on ne crée que des résultats artificiels et mauvais. Le citoyen n'est pas celui qui se prosterne devant ces splendeurs, s'y enrichit et s'y dénature ; c'est celui qui voit dans le chef du gouvernement sous le plus simple costume l'image imposante et respectée de la loi. La seule raison qu'on puisse donner de ces imitations d'un passé qui vivait de fictions et de crédulité, est la nécessité de mettre le représentant de la France au niveau des autres chefs d'État ; mais elle ne saurait prévaloir. Un peu partout, la splendeur du trône est devenue une chose factice et vaine ; mais dans tous les cas une démocratie n'a ni la même conduite ni la même tenue que les peuples qui se complaisent encore dans des principes exclusivement monarchiques ou aristocratiques. Même au point de vue de l'effet extérieur, ne serait-il pas plus digne de la France de placer, à côté de ce qui reste de majestés plus ou moins éclatantes en Europe, son premier magistrat simple, grave, sans luxe, image d'une démocratie laborieuse et sensée ? Nous avons vu dans des jours d'apparente grandeur réunis dans Paris presque tous les souverains de l'Europe ; ils visitaient un prince qui ne leur cédait pas sous le rapport de l'éclat et des spectacles militaires et monarchiques. Qu'est-il resté de tout cela ? Un souvenir de curiosité satisfaite aujourd'hui devenu bien amer ! N'eût-il pas mieux valu que ces princes avec leur suite chamarrée et domestique, trouvassent le représentant de la démocratie française donnant par sa tenue l'idée d'une grande et simple magistrature ? Les courtisans s'en seraient moqués, mais les peuples s'en seraient émus ! Croit-on que le président des États-Unis ne ferait pas une belle et sincère figure à côté des souverains, les uns habillés, les autres déguisés en chefs d'armée ? N'y a-t-il pas une grandeur réelle dans l'attitude du premier magistrat de la Suisse allant recevoir et soigner lui-même nos blessés ? Enfin cet éclat autour de la puissance ne répond plus à aucune idée de gouvernement sérieux ; il engendre au contraire des mœurs qui diminuent les âmes, abaissent les caractères. Or quand les âmes s'abaissent autour du pouvoir, ou elles s'abaissent un peu partout, ou elles se révoltent, tandis que le pouvoir utile à une société doit, au contraire, inspirer le respect, élever les cœurs et susciter de toutes parts une noble émulation. Qu'on soit bien persuadé que le sentiment qui dicte ces lignes n'est pas un sentiment de misanthropie démocratique, c'est un sentiment arrêté, profond, qui s'accorde avec la plus ferme méditation de l'esprit, et qui répond à une des transformations les plus nécessaires du pouvoir au milieu de nous. Il y a là une difficile victoire à remporter sur l'habitude, sur l'opinion commune et sur une sorte de décence instinctive. Les mœurs, beaucoup moins aisées à changer que le nom des choses, appuyées sur de vifs intérêts et défendues par une fausse idée de grandeur, résisteront sans doute, et on se montrera plus disposé à faire et à défaire des constitutions qu'à supprimer dans le gouvernement monarchique ou républicain le côté théâtral, pompeux et corrupteur. Que de fois cependant, même sous l'Empire, des hommes sensés, étrangers à toute passion hostile, ne se sont-ils pas élevés contre cet attirail dispendieux, compromettant, peu ou point respecté, inutile à la France, en désaccord avec la raison et faisant aux plus indulgents l'effet d'une de ces réunions dans lesquelles, pour le plaisir des yeux, on prend les costumes oubliés d'un autre âge ! Il serait trop facile de montrer les dangers de toute nature qui sortaient de là. Mais ce serait renoncer à la gravité qui plus que jamais s'impose à l'esprit, et ce serait d'ailleurs faire une démonstration superflue ; l'image d'un chambellan bien saisie remplace tous les récits et toutes les peintures.

Il ne suffit pas de modifier profondément cette forme vieillie de la puissance et de détruire ce foyer de vanités, de faiblesses et d'illusions ; il faut encore diminuer considérablement les attributs du pouvoir. Le chef du gouvernement ne peut plus être le souverain dispensateur des fonctions ni rester, comme l'a dit Laboulaye, le grand Lama de l'administration. Sans parler de l'idée de justice qui par là n'est pas satisfaite, puisque la fonction peut être donnée sans qu'elle soit méritée, cet excès de puissance accable le gouvernement d'une intolérable responsabilité. Il met aux mains du hasard, d'un étroit calcul politique, ou, si l'on veut, d'une volonté plus ou moins équitable, les plus hautes missions de la société.

III

LA MAGISTRATURE.

Ainsi la magistrature est recrutée par le plus inquiétant arbitraire, même quand le chef de l'État et ses collaborateurs obéissent à des sentiments élevés et se pénètrent de l'admirable rôle de la justice. Dans les déductions de la théorie monarchique, cela semble tout naturel; on répète que toute justice émane du roi; sur cette maxime, qui n'est plus aujourd'hui qu'une fiction, on édifie une magistrature qui sans doute s'améliore à l'usage, par l'effort personnel, sous l'influence de son histoire et devant les regards du public, mais dont l'origine et la formation ne répondent pas aux principes d'une société démocratique. Que de fois, pendant que j'ai eu l'honneur d'être magistrat, ces pensées ont assiégé mon esprit ! Je sentais bien distinctement et bien vivement que le lien établi entre le gouvernement et la justice avait mille fois plus d'inconvénients que d'avantages et qu'il entraînait dans la destinée, dans les faiblesses, dans les luttes du pouvoir politique, la plus respectable des choses après la religion, celle qui, dans une démocratie, a le plus besoin d'être isolée, de puiser sa force en elle-même, de vivre et de grandir pour la protection commune ! Le rôle de la magistrature m'apparaissait très-clairement, et toute espèce de dépendance me semblait la compromettre. Dans un Etat où tout se fait par la loi, la justice ne peut être rendue que par des hommes très-éclairés et libres de tout lien de subordination avec un pouvoir transitoire et politique. On craint alors que, groupés en compagnies et protégés par l'inviolabilité, ils exercent quelque tyrannie ; cette crainte est chimérique ; isolés des pouvoirs militants , ils n'auraient qu'une passion, celle de la justice ; un amour, celui de la science ; un culte, celui du droit. Si leur ambition portait ailleurs, ils trouveraient partout des obstacles et le mépris de l'opinion qui n'est pas une vaine barrière. Tout le monde a été frappé dans ces derniers temps de la situation faite à la magistrature, sinon dans la pensée publique, au moins dans le sentiment de beaucoup trop de personnes. On est arrivé à proclamer son impuissance à peu près absolue dans l'ordre politique. Le gouvernement qui en composait le personnel trouvait bon qu'elle appliquât les lois avec fermeté, dans le sens de ses désirs et de sa conservation ; un mot dont on a abusé au point de lui ôter sa noblesse, le mot de dévouement, était employé même pour elle. Cela provient d'une immense confusion morale. L'autorité judiciaire est une autorité propre qui, sans doute, se détache du pouvoir général de la société, mais qui s'en détache directement, comme le pouvoir législatif. C'est le droit et le devoir, non de faire les lois ni d'en assurer l'exécution par la force, mais de les appliquer avec savoir, indépendance et sagesse. Tocqueville l'enseigne comme une vérité élémentaire dans les constitutions démocratiques—la raison ne peut le contredire. Toutes les choses et toutes les personnes sont soumises à cette autorité, limitée par les lois elles-mêmes. Si nous persistons dans nos vieilles erreurs, on ne trouvera jamais un gouvernement assez sage pour laisser la magistrature dans une sphère inaccessible. Tous voudront avoir pour eux cette force ; ils l'attireront avec plus ou moins d'habileté et de prudence ; ils y tiendront d'autant plus que ce seront des gouvernements combattus, peut-être viagers, peut-être seulement momentanés. Il n'est pas un roi constitutionnel, ni un président de république, ni même un premier ministre qui, le pouvant faire, ne cherche à absorber dans son action l'influence considérable de l'autorité judiciaire. Alors il fera des juges, provoquera des jugements, compromettra la justice ; il croira que ce concours le fortifie, et dans cette union ils se seront affaiblis l'un et l'autre. Ayons donc enfin le bon sens d'éteindre ces tentations et de supprimer la responsabilité qui en découle. Est-ce d'ailleurs un bon moyen d'avoir une magistrature comme il en faut une dans les pays libres, que d'en laisser la composition au gouvernement ? Qui est-ce qui la forme dans ces conditions ? l'arbitraire d'une volonté cernée de toute part, commandée par la politique, par la faveur, par mille influences indignes de participer à la création du plus humble des magistrats. Changeons cela et construisons à la place de notre édifice judiciaire, qui s'affaiblit, une des plus fortes assises de la démocratie.

On n'entrera dans la magistrature que par des concours ; ce sera le mérite éprouvé qui ouvrira cette belle carrière — les juges du concours sont faciles à trouver ; l'épreuve s'étendra sur le candidat tout entier, sur sa science, son caractère, ses mœurs, et ceux qui décideront n'oublieront pas que leur décision confère une des plus hautes fonctions de la société. Dans les corps ainsi recrutés, l'élection, au moins celle des chefs, pourra prendre la place du concours et la grandeur de la magistrature sera remise dans ses propres mains. Elle se trompera quelquefois ; elle n'obéira pas toujours à la plus noble impulsion ; les faiblesses humaines y rappelleront quelquefois l'arbitraire : mais, pénétrée de son rôle et maîtresse de ses destinées, elle n'ira pas se trahir sous le regard souverain de la société. Il n'y a pas non plus à redouter pour elle les dissolvants démocratiques ; il sera d'ailleurs aisé de la mettre à l'abri de ces périls par quelques règles d'organisation. Formée ainsi, ayant une si haute et si belle origine, offrant à ses membres un noble pouvoir, exigeant pour être honorée beaucoup de science et beaucoup de vertu, elle deviendrait un admirable groupe d'ordre et de liberté. Quant au gouvernement, quel que soit son titre, voici ce qu'il gagnera à cette séparation : il ne sera plus exposé au reproche d'attirer à lui la justice et d'en faire un instrument de règne : il profitera de la protection que les lois donneront à tous et que les magistrats devront assurer. La nature de ce travail ne permet pas d'insister sur les détails ; mais ne voit-on quel pas immense nous aurons fait vers l'ordre véritable, le jour où le chef de l'Etat ne pourra plus ni directement, ni indirectement, prononcer des sentences administratives ou judiciaires ? Ceux qui appliqueront les lois n'auront d'autres ennemis que ceux qui les violeront, et à cette hauteur d'indépendance et d'impartialité, ils ne seront pas aisément ébranlés. Si la paix publique est menacée et qu'elle soit énergiquement défendue et assurée par eux, ce ne sera pas l'œuvre d'un pouvoir politique tantôt ferme, tantôt amolli ; ce sera la société qui, dans l'exercice de ses droits, dans l'usage de sa force, rétablira l'équilibre au profit de la sécurité. De même la liberté, si quelque entreprise l'inquiète, trouvera dans les magistrats une protection que personne ne pourra plus affaiblir.

IV

L'ADMINISTRATION.

En même temps que la justice, et par d'autres raisons, il faut détacher du gouvernement l'administration qui le surcharge ; l'administration le fait intervenir partout, elle multiplie dangereusement son action, elle paraît le rendre bien fort et presque absolu, mais en réalité elle l'accable d'une responsabilité beaucoup trop lourde. Le roi nomme à tous les emplois d'administration : telle est la formule monarchique par excellence.—Elle fait du chef de l'Etat l'administrateur universel de l'ensemble du pays et de toutes ses parties. Au premier abord, cela semble simple, légitime et très-efficace.—C'est par là que s'est accomplie l'unité de la France. Le pouvoir exécutif comprend nécessairement l'administration ; lui seul est placé au centre pour apprécier les besoins généraux et animer cette immense machine qui porte partout les mêmes règles, les mêmes travaux, le même esprit, sans compter la soumission et la discipline. On ne saurait renoncer à cette harmonie ; elle a fait la force du pays, elle est dans ses traditions, dans ses mœurs, dans sa volonté manifestée sous la république comme sous la monarchie. — Sans doute il y a là une profonde habitude, de réels avantages pour le gouvernement, une force qui le soutient plus ou moins longtemps, qui d'abord lui rend tout facile, une garantie de régularité et d'égalité pour les diverses parties du territoire ; mais cette force ne résiste plus à la durée ni à la critique ouverte de toutes parts, elle a plus d'apparence que de réalité ; elle forme, cela est vrai, autour du pouvoir une armée de fonctionnaires et d'agents qui le louent, l'exaltent, sont chargés de le faire aimer, de lui gagner les esprits et les intérêts. Mais c'est un système de conservation désormais très-précaire; on l'a employé à discipliner et à conduire le suffrage universel ; il y a montré une rare puissance. A quel prix ! les fonctions les plus étrangères à la politique ont été détournées de leur but ; les nécessités électorales ont partout commandé à l'administration, l'ont altérée, ont changé son caractère, modifié sa moralité, attiré sur elle des haines nombreuses et diminué sa considération. — D'ailleurs il n'est pas vrai que le gouvernement reçoive des principes rationnels qui régissent une démocratie le droit et le devoir de tout administrer. Il a une surveillance générale, un pouvoir d'exécution, des droits déterminés d'intervention et de police ; mais tout cela touche à l'administration sans se confondre avec elle. Au point de vue politique, il n'y a plus guère d'esprits tout à fait attentifs et sérieux qui ne jugent nécessaire de décharger le gouvernement de ce fardeau administratif qui le met aux prises avec beaucoup trop d'intérêts, lui ouvre trop de consciences, lui prodigue des agents dont la docilité l'égare, le maintient dans des habitudes de despotisme bureaucratique, dispense les citoyens de faire leurs affaires eux-mêmes et les réduit à une collaboration insignifiante ou à une critique sans bornes. Si on veut passer de la théorie à la pratique, ces vérités deviennent saisissantes. Qui ne sait, qui n'a éprouvé tout le mal qu'un mauvais préfet cause au gouvernement ? et quel est le moyen d'en avoir de bons, quand ils ont à faire tant de choses diverses, au milieu desquelles l'esprit de justice et l'élévation du caractère paraissent souvent des embarras ? A lire no're histoire, non-seulement celle d'hier, mais celle des jours précédents, on voit bien les dangers que cet excès de puissance exécutive et administrative a engendrés, en créant des succès politiques apparents et des adhésions sans naturel ni spontanéité. Ce n'est pas en gardant toute l'administration de la France que les gouvernements assureront leur solidité et développeront les qualités essentielles des démocraties; s'ils persistent à le faire, ils se condamnent à la tyrannie de la routine et à tous les périls de l'arbitraire ; le choix seul de cette multitude de fonctionnaires et d'agents crée au gouvernement un immense embarras, en même temps qu'il entretient et développe dans la nation un goût énervant et une habitude famélique de sollicitations, de complaisances, de dévouements étourdis ou trompeurs ; tout est dénaturé par cette recherche des emplois. Le pouvoir y désire naturellement des hommes qui l'approuvent dans ses fautes et le suivent dans sa mobilité ; les députés y interviennent pour eux, dans l'intérêt de leur influence ; le sentiment du devoir s'efface devant l'ambition et les moyens aisés de la satisfaire ; la fonction n'est plus ce noble man-

dat, difficilement obtenu, publiquement mérité, stricte-
ment déterminé par la loi, garanti contre l'arbitraire et concourant avec indépendance au bien
commun.

Le problème consiste donc à enlever au pouvoir
exécutif un très-grand nombre de fonctions, à les
remettre au concours ou à l'élection et, dans tous les
cas, à les tenir fortement à l'abri des évolutions minis-
térielles. Les fonctionnaires cesseront d'être ainsi, aux
mains du gouvernement, des instruments commodes,
employés à beaucoup d'usages et moralement affaiblis
dans ces emplois mêmes ; ils cesseront en même temps
d'être considérés comme des adversaires par ceux qui
n'approuveront pas la marche politique du gouvernement. Les motifs d'hostilité, les occasions de lutte, l'habitude de combattre le chef de l'Etat dans le dernier de
ses agents, tout cela diminuera dans de grandes propor-
tions ; le service de l'Etat et la paix publique y gagne-
ront. D'un autre côté, il est bien temps de laisser les
citoyens administrer eux-mêmes leurs affaires ; la cen-
tralisation est une contradiction choquante avec la
liberté réelle et tous les devoirs d'une démocratie. Ce
n'est vraiment pas la peine de proclamer le principe de
la souveraineté populaire, de lui demander par la voie
du suffrage universel la formation même du gouvernement, sa constitution, ses lois générales, sa légitimité,

pour refuser aux départements, aux communes (1), aux individus la gestion de leur fortune et de leurs intérêts. Ils ne sauront pas, dit-on, créer l'autorité au sein de la liberté ; quand le gouvernement lui-même, appuyé sur de plus grandes forces, lutte péniblement, ils seront condamnés dans leur isolement à l'impuissance et au désordre. L'esprit d'agression et de critique est de beaucoup le plus fort ; c'est le préféré de la nature humaine, il a pour auxiliaires l'ignorance et la misère ; il défie toutes les puissances et toutes les administra-tions locales. Qui a dit cela ? l'esprit de routine, la tra-dition d'une part, de l'autre la paresse et l'habitude. Or les démocraties sont condamnées à périr, si elles se laissent aller à la paresse. Elles ne deviennent grandes, sincères, paisibles et libres à la fois qu'à la condition d'un travail incessant qui s'étend de la vie privée à la vie publique. Sans doute il pourra arriver qu'en rom-

(1) Nous avions terminé cet écrit, quand a éclaté sous le nom de Commune, la plus horrible insurrection, la plus vide d'idées qui se soit jamais vue et la plus pleine d'instincts grossiers, de vin, de sang et de feu. Le droit pour une communauté d'habitants de gérer sa fortune n'a rien qui ressemble à cette abominable tyrannie. La Commune n'a pas de droits politiques ni, à plus forte raison, de pouvoirs politiques. Elle s'administre, soumise aux lois générales de l'Etat, et, bien administrée, elle crée des richesses et des citoyens. Paris, d'ailleurs, ne sera jamais une de ces communes dont Royer-Collard a dit : « La politique la trouve, mais ne la crée pas. » Elle est pleine de richesses qui sont à la France et dont l'Etat ne doit laisser à per-sonne la gestion et la défense.

pant cette longue chaîne administrative, si habilement construite, avec laquelle on obtient beaucoup d'ordre dans beaucoup de sujétion, on ne réussisse pas tout de suite à faire aussi bien ; le bien dans tous les cas ne sera pas uniforme, il y aura des départements moins préparés et moins propres que d'autres à s'administrer; il en sera de même des communes, de même des citoyens ; mais l'école une fois ouverte, chacun se formera ; l'habitude prise, on sera tout étonné d'avoir si longtemps, sous prétexte d'ordre général et d'uniformité, laissé languir partout l'initiative, la gestion directe de choses et d'intérêts qui n'ont pas besoin, pour être bien conduits, d'être vus et traités de si loin, avec un si grand mélange de politique et d'arbitraire.

Quel que soit le nom qu'on donne au gouvernement, ces idées doivent prévaloir. Aucun gouvernement ne peut plus supporter le fardeau qui a semblé faire la grandeur de la France et qui a préparé sa ruine ! Comment veut-on que tant de responsabilité résiste aux inévitables et légitimes dissolvants d'un pays et d'une société démocratique? Cet excès de puissance ne se maintiendra jamais avec la liberté ; la tribune et la presse ouvertes sur lui l'affaibliront trop aisément et parviendront à le détruire ; tant de pouvoir amoncelé ne comporte pas tant de critique. Nous assistons depuis longtemps au spectacle de cette lutte, nous en connais-

sous maintenant les conditions, la durée et l'issue : d'un
côté, une machine gouvernementale d'une force initiale
très-grande, agissant partout et de mille manières,
maîtresse bien plus que pilote de la société, à laquelle
d'abord rien ne résiste ; de l'autre, la liberté qui, sans
organisation, réduite à l'attaque, n'ayant presque que
cela à faire devant sa trop puissante rivale, tirant sans
cesse sur cette masse énorme de choses et de personnes, fait mille blessures et prépare des révolutions
quand le véritable rôle de la liberté est de les empêcher.
Pour nous, c'est une conviction profonde : si le navire
reste chargé comme il l'est, il ne tiendra pas plus la
mer sous le pavillon de la république que sous un autre ;
l'habileté du capitaine y peut quelque chose, mais les
démocraties qui recourent souvent à des dictatures ne
sont pas celles qui font la conquête morale du monde !
ce sont des démocraties prématurées ou corrompues.
Il est bien temps que la nôtre mérite un autre nom et
donne d'autres fruits !

V

LA PROBITÉ POLITIQUE.

Ainsi simplifié, le gouvernement ne sera ni oisif ni inutile. Il y a des attributs qu'aucun homme sensé ne peut
vouloir lui ravir. Il conservera une action nécessaire sur

les choses d'ordre général. Il fera exécuter les lois, ce qui est son vrai rôle, et un rôle encore bien grand, et assurera le jeu régulier et paisible des libertés. Il aura encore de quoi tenter la plus noble et la plus haute ambition. Mais c'est dans l'ordre moral que sa mission doit grandir en se transformant. On a cru longtemps, et beaucoup croient encore, que les gouvernements ont besoin, pour réussir, de trouver l'homme très-souple, très-flexible, de développer en lui non de hautes passions et de généreuses ardeurs, mais une assez grande indifférence morale avec beaucoup d'habileté, d'adresse et le goût dominant du succès; il y a même une école qui, sans avoir comme autrefois des docteurs, a d'audacieux disciples, et met l'art de la politique dans la corruption qui enseigne à gouverner les sociétés, en y excitant des faiblesses et en s'appuyant sur un certain degré de cupidité et de bassesse: c'est une misérable école, et une doctrine sans lendemain. Si les gouvernements ne servent pas à améliorer les hommes, ils ne sont que des expédients dont l'ambition profite, qui ne méritent aucun respect et vis-à-vis desquels l'obéissance est plutôt une contrainte qu'un devoir. Leur véritable légitimité est dans la grandeur de leur but, dans l'œuvre d'amélioration morale et matérielle à laquelle ils doivent pousser les sociétés, en employant à son succès toutes les forces qui leur sont données. A ce titre la probité est une de leurs premières obligations et doit être un de leurs premiers résultats. C'est dans les qualités les plus élevées de la nature humaine, et non dans une vulgaire et traditionnelle habileté, qu'il leur faut mettre leur confiance et leur force. La probité au sein du gouvernement n'est pas la seule absence de la fraude, de la corruption directe ou indirecte ; ce n'est pas l'étroite vertu d'un homme isolé qui tient ses engagements, et dédaigne pour s'enrichir les moyens qui blessent ou qui embarrassent la conscience ; c'est une vertu plus haute qui s'élève jusqu'à la passion, vise à la conquête, et même à la domination. Tenir les hommes sous la loi, ce n'est pas les gouverner dans le sens généreux de ce mot. Si on trouve dans ceux que le suffrage universel place à la tête de la nation la médiocrité morale, comment ne serait-elle pas partout ? Or c'est elle qui désole les démocraties, et les laisse ouvertes à tous les désordres ; l'homme, y étant sans sévérité pour lui-même, rencontre dans la loi des obstacles insuffisants et ne s'arrête pas spontanément devant ce qui est seulement injuste. Depuis que nous avons déplacé les bases de la puissance publique, la révolution morale au sein du gouvernement a été bien incomplète et presque insensible. Quelques freins établis par les constitutions, n'ayant guère de sanction que dans les événements ; quelques barrières élevées par l'opinion, voilà tout le changement. L'âme ne s'y est pas ennoblie, et les passions, pour y être amoindries, ont continué à y trouver un milieu propice et beaucoup d'encouragements. C'est en effet de toutes les corrections la plus difficile, mais c'est la plus nécessaire. Vous avez beau entasser les suffrages sur un homme qu'un éclair de popularité justement acquise aura désigné à tout le monde; vous aurez vainement mis des obstacles à son ambition, limité son pouvoir, développé autour de lui toutes les libertés, il pourra encore, s'il ne se fait pas une loi absolue de la probité, énerver la société par son exemple et donner le signal de cette corruption qui, commençant à la tête, gagne si vite le reste du corps. Ce n'est donc pas seulement un besoin moral que j'exprime ainsi, c'est encore un besoin politique. Quand, il y a vingt ans, la France s'est donnée parce qu'elle trouvait la liberté trop fatigante ou trop stérile, on a entendu distinctement, au milieu des tristesses et des inquiétudes, la voix de la foule qui disait : Introduisez au moins, à défaut de la liberté, la plus stricte et la plus vigilante probité dans le gouvernement ; nous croirons avoir bien fait, si, en mettant un terme à des agitations excessives, nous avons donné au gouvernement le moyen d'être aisément honnête et de propager, fût-ce despotiquement, l'honnêteté. Ce calcul a bientôt paru chimérique, mais la France l'a fait, et si le gouvernement, qui alors pouvait tout, avait

pris sous sa protection énergique cette probité d'Etat
dont nous avons essayé d'indiquer les principaux traits,
on eût été moins impatient de liberté, certain de la trouver
renaissante et cette fois invincible après une grande
réforme morale. Mais tout cela ne se pouvait pas: d'un
côté, nous n'avions pas sans doute assez souffert; de
l'autre, les âmes n'avaient pas la hauteur nécessaire.
Nous avons vu au contraire se développer sans pré-
voyance ce qu'on peut appeler le règne des hommes
faciles. Il semble qu'un dédain suprême ait plané sur
les consciences. Au lieu de chercher à fortifier les âmes
contre toutes les séductions qui les sollicitent sous un
prince absolu, on s'est plu à les affaiblir, comme pour
supprimer la seule barrière qui s'éleve contre d'inévitables erreurs et des fautes bientôt irrémédiables.
Partout où un homme a voulu, prenant la place de la
liberté et de la loi, avertir, arrêter, rectifier, il a été
accueilli comme un embarras, traité comme un adversaire et rejeté dans l'impuissance. Partout, jusque dans
les régions qui semblent au-dessus de ces faiblesses,
c'est le tempérament assoupli et la transaction qui ont
été développés et qui sont devenus à la mode. Au lieu
d'avancer dans la voie de la probité politique, nous
avons reculé, et c'est une demi-morale qui a prévalu.
En cela, il faut un changement radical ; il faut que
dans le sein du gouvernement la probité soit à l'état

de religion exclusive, intolérante et pratiquée. La
probité, il est vrai, n'a pas sur les hommes une action
aussi directe ou aussi pressante que ce qui parle à
leurs passions et ce que, du point de vue de leurs
passions, ils croient être leur intérêt. Il est d'abord
malaisé d'en faire le guide absolu de sa vie, il paraît
encore plus difficile de l'imposer aux autres. Mais il
y a une grande source où elle se puise, d'où elle
abonde, c'est le sentiment religieux qui, plus que tout,
atteint et déshonore la domination de la force et de l'injustice. Elle a en théorie l'assentiment universel, chacun
lui rend hommage en paroles, mais on la trouve gênante
et pauvre : *laudatur et alget*. Eh bien ! il n'y a pas de long
avenir, ni de succès durable pour les sociétés qui ne la
rendront pas obligatoire autrement que par des règles
de police et des lois pénales. C'est surtout dans les démocraties qu'il est indispensable de lui demander la solidité
et la paix des établissements politiques. Elle seule, avec
la religion d'où elle naît principalement et qui lui donne
un élan admirable et une action souveraine, peut
ramener au milieu de nous le respect exilé.

Dans toute démocratie, et surtout dans la nôtre, un
homme public qui n'a pas cette honnêteté supérieure, à
laquelle Montesquieu donne le grand nom de vertu, est
presque inévitablement un mandataire infidèle et un
danger continuel tantôt pour l'ordre, tantôt pour la

liberté ; il faut une certaine force d'âme pour se tenir debout devant un prince absolu, pour préférer le bien commun à l'intérêt ou au caprice de celui de qui tout dépend ; mais il en faut encore plus pour résister à tous les entraînements et à toutes les puissances qui nous environnent dans une démocratie. L'ambition n'y connaît pas de limites, et l'ambition que ne contient pas une énergique probité a bien vite et bien aisément démoralisé l'âme. En même temps la multitude, jusqu'ici dirigée ou chancelante, ne distribue ses faveurs et sa puissance, ni avec une bien haute équité, ni avec une moralité bien exemplaire. Elle se laisse aller à plus d'un genre de séduction ; elle écoute volontiers ceux qui la trompent, même sans art ; ceux qui la flattent, même sans grâce ; ceux qui la soulèvent pour eux et non pour elle. Elle ne dédaigne pas ceux qui la corrompent, même à prix d'argent ; et quand on s'adresse seulement à sa raison, à son esprit de justice, à ses sentiments élevés, on emporte quelquefois son estime, rarement ses suffrages. Ce principe de l'élection, qui engendre tout désormais, est une sorte de démon démocratique qui tend aux âmes toutes sortes de piéges.

Ecoutez celui qui a demandé à l'élection de l'importance, du crédit, du pouvoir. Il vous dira, s'il est sincère, que son cœur s'y est souvent abaissé ; qu'il a cherché avec soin toutes les faiblesses des électeurs pour les flatter et en tirer parti ; il vous dira qu'au lieu de trouver dans le nouveau souverain de fortes vertus, le mépris de la louange, la haine des flatteries, le dédain des séductions, il y a rencontré, et en grand nombre, presque tous les sentiments ennemis de la véritable grandeur.

C'est un mal qu'il faut vaincre ; toute espèce de corruption doit être bannie des élections, non pas seulement la corruption administrative, la corruption plus avilissante de l'argent ; mais celle qui se cache sous des opinions, emploie mille auxiliaires dont chacun nous enlève la dignité, sans laquelle il n'y a pas de citoyen. Ce n'est pas la passion que j'entends qu'on supprime ; elle est inévitable et fait avec raison partie de nous-mêmes ; mais c'est la recherche abaissée d'un avantage dans lequel le bien public n'est presque pas compté. Ah ! c'est là qu'il importe de détruire la médiocrité morale qu'attire ce théâtre ! La pensée de Montesquieu qui s'y applique visiblement est une pensée dont le développement de notre démocratie atteste la grandeur. Pour que l'âme ne perde pas son équilibre au milieu de tout ce que suscite et remue le principe électif, c'est de vertu même qu'elle a besoin ! Ne nous imaginons donc pas que nous fonderons le règne de la démocratie sans remplacer nos mœurs indifférentes et faciles par une sorte d'austérité publique. Barnave, qui a aimé la liberté et qui en a compris les conditions, disait que l'électorat lui semblait la plus haute et la plus sainte fonction. Nous sommes loin de ce grand et juste sentiment. Nous nous agenouillons ambitieusement devant le suffrage universel ; presque personne ne lui parle debout. Prenons y garde : il y a là tout autant de germes de corruption et de dégradation morale que dans la fréquentation des Cours et dans le voisinage des trônes. L'électeur corrompu ou seulement indifférent et sceptique, le candidat abaissé, sont des images populaires qui blessent le cœur d'un honnête homme, aussi bien que l'aspect d'une salle d'attente chez un prince, ou chez un ministre. C'est en ce sens que les anciens confondaient dans le même mépris le courtisan et le démagogue. Ajoutons que le principe électif étant le dernier mot de la science et de la théorie politique, la nation qui s'y sera pervertie n'aura plus la ressource de chercher à se rajeunir et à s'améliorer sous d'autres lois. On peut dans les détails trouver des moyens de purifier cette source des démocraties, mais les moyens artificiels ne sauraient suffire. Il y faut des âmes fortes et un sentiment général qui emprunte son énergie et sa fixité à la religion et à la passion des devoirs publics.

VI

LE ROLE DES ASSEMBLÉES.

Autant que le corps électif, les assemblées ont besoin d'une haute moralité. Quoi qu'on fasse, leur puissance sera toujours très-grande. Cependant il importe qu'elle ne soit pas excessive ; le despotisme déplacé est toujours le despotisme, et on sait jusqu'où il peut aller, au milieu de l'excitation des esprits, des emportements oratoires, sous le feu des tribunes et sous le regard défiant de la multitude. C'est une erreur d'étendre à tout le rôle et la compétence des assemblées ; c'est l'erreur des peuples qui ne connaissent pas les principes de la liberté publique et qui organisent le combat, au lieu de le rendre inutile. Je ne suis nullement tenté de nier la grandeur de la plupart de nos assemblées ; mais on conviendra que, sauf celles qui ont été silencieuses, elles ont entrepris sur tout, sur la justice, sur l'administration, sur les fonctions, depuis les plus élevées jusqu'aux plus humbles, et que chargées de légiférer et de contrôler le pouvoir, elles ont fait de chaque député un petit souverain occulte auquel rien ne résistait. De cette manière, le mandat politique a été chez nous presque toujours élargi sans mesure.

Mais ce ne sont pas là des questions que je veuille aborder en ce moment; quand on fera une constitution, on avisera certainement à rendre plus féconde et moins dissolvante l'action des assemblées; on leur trouvera des limites et, dût-on contraindre en cela la nature humaine, on tâchera de préciser leur rôle et de les détourner des luttes incessantes de tribune et des combats ministériels.

En attendant, déterminons les conditions morales qui, de ce côté, doivent être imposées par la conscience publique et prévaloir dans toutes les parties du gouvernement. Mirabeau a dit, sous une forme oratoire saisissante, à quelle hauteur s'élevait dans sa pensée le mandat de député. Son âme, éprise d'action et n'accordant pas encore à la moralité la puissance qu'elle lui reconnut au moment des lueurs suprêmes, exprimait pourtant la beauté de ce mandat : « Toute députation, disait-il, étonne mon courage ! » C'est qu'en effet un député ne peut pas être, sans dommage pour la chose publique, un citoyen vulgaire, adonné à son intérêt, cherchant sa fortune, appuyant ses amis, comblant ses électeurs, enrôlé dans une opposition intéressée ou soumis à une discipline banale et profitable. L'institution ne peut pas suppléer à la valeur morale de l'homme ; la plus haute probité personnelle est nécessaire pour l'accomplissement des devoirs et contre toutes les séductions et tous les piéges environnants. Ce n'est certes pas sous la loi étroite et dégradante du mandat impératif que peut se placer l'âme d'un député. C'est en pleine liberté et sous la libre étreinte de son propre effort que le député doit devenir l'agent actif et désintéressé de la justice et du pays. Il n'y a plus de place en France ni de matière pour une aristocratie artificielle, mais il est nécessaire d'y rétablir le respect et d'y donner à la démocratie non-seulement des lois, mais encore des hommes à respecter ; dans le mandat du député comme dans la fonction du magistrat, il y a quelque chose de sacerdotal. La loyauté, la sincérité, l'indépendance morale, la probité intellectuelle, l'incorruptibilité absolue, tels sont les traits auxquels se reconnaîtront les mandataires de la France. Alors la démocratie aura sa noblesse comme la monarchie a eu la sienne ; et sa noblesse, composée d'hommes meilleurs et réellement plus grands que les autres, défiera tous les souvenirs et consolidera définitive-ment la société moderne. Nous rappelions tout à l'heure un mot de Mirabeau. Il faut y ajouter celui qui lui échappa vers la fin ; sentant de quelle valeur est parmi les hommes la moralité, tourné du côté de sa vie qui l'avait déconsidéré et cherchant un levier pour diriger une révolution déjà indomptable, il se reporte avec tristesse vers son passé et atteste douloureusement que la puissance de l'esprit a besoin pour gouverner les hommes du secours de la probité et de la moralité personnelle (1).

Les députés s'élevant à cette hauteur et y étant maintenus par le sentiment public, la démocratie aura une base solide ; au désordre des passions succédera l'empire des convictions, des croyances et des carac-tères, empire qui seul peut soutenir la démocratie. De tels hommes ne seront les complaisants de personne ni en haut ni en bas. On ne les suppri-mera pas au nom de l'ordre, ni au nom de la gloire ; ils seront la barrière humaine libre, éloquente, qui fera obstacle à toutes les usurpations ; de telles assem-blées apaiseront le monde et l'amélioreront dans la liberté. La démocratie aura enfin prouvé qu'elle a pu sortir heureuse et triomphante de la médiocrité mo-rale à laquelle, depuis Machiavel, les théoriciens de la monarchie absolue l'avaient condamnée.

(1) O ma jeunesse, que vous coûtez cher à mon âge mûr !

Ö.

VII

LE PRIX DE LA LIBERTÉ.

Quant à la liberté, aucun gouvernement durable ne peut songer à la supprimer. Quelques-uns l'ont essayé avec l'assentiment de la France; ils y ont d'abord tout à fait réussi, et la démocratie s'est apaisée subitement, comme une eau courante s'arrête sous une violente contrainte; mais, comme dans ce système la grandeur même et la noblesse de la nature humaine étaient méconnues, le remède a été inefficace et dangereux. Le temps des dictatures est passé; elles ne procurent jamais que l'ordre matériel, et dans une société qui connaît la religion et la morale, c'est un résultat très-incomplet. On y perd l'habitude et jusqu'au sentiment des devoirs publics et des efforts que tout homme doit faire pour le bien commun; on s'y oublie, on s'y affaiblit, et, quand le traitement cesse, on est tout surpris de se sentir sans force. Il faut donc que la France prenne enfin la résolution de vivre libre, fût-ce au milieu de quelques périls. Les religions commodes ne répondent ni à la beauté de Dieu, ni au tourment de grandeur qui est au fond des âmes; il en est de même de la liberté. Nous n'avons guère eu d'ailleurs jusqu'ici une idée juste de cette noble chose. La France s'est divisée en partis qui se sont disputé le pouvoir immense que l'organisation politique et constitutionnelle mettait aux mains des gouvernants, et ils ont tour à tour invoqué la liberté comme un moyen de combat et comme la source des plus hautes obligations et des plus difficiles devoirs; devenus maîtres de la place, ils se sont effrayés de toutes les ressources que la liberté donnait pour les détruire, et ils l'ont en général sacrifiée. Mais une fois le gouvernement réduit à la simplicité qui lui convient, il ne peut plus être l'objet ni des mêmes attaques, ni des mêmes convoitises, et au lieu qu'il ait à redouter la liberté, c'est sur elle qu'il s'appuie; c'est elle qui le crée, le soutient et le répand partout! Que la république ne s'avise donc pas de tomber dans l'ornière des vieux gouvernements; que, sous prétexte d'anéantir l'esprit monarchique, elle n'aille pas garder l'excès de puissance avec lequel la liberté entrerait bientôt en lutte; les noms ne trompent plus personne; un pouvoir absolu sous le nom de république serait une odieuse et passagère violence. Il y a malheureusement des républicains qui le croient nécessaire et qui ajourneraient volontiers la liberté au jour où ils auraient mis en place et dans les postes innombrables d'une administration infinie eux-mêmes et leurs amis. Ils nous rappellent

un ministre qui se croyait très-libéral, qui l'était
de sentiment, mais dont l'esprit, plus agité que ferme,
n'avait pas mesuré les conditions mêmes de la liberté. Je lui parlais un jour d'une question, depuis
longtemps l'objet de mes méditations, l'organisation
d'une magistrature séparée du gouvernement, et faisant agir les lois sans aucun commandement, au milieu
de la protection commune et au sein du respect universel. « Comment, disais-je, voulez-vous qu'une magistrature formée par un arbitraire tempéré, composée
d'hommes qui quelquefois avancent ou reculent, au gré
d'un ministre, offre les garanties sans lesquelles la justice
frappe bien plus qu'elle ne contient et semble un
auxiliaire du pouvoir plutôt que de la loi vivante et
libre ! Abordez donc résolûment cette réforme, qui
peut tenir lieu de beaucoup d'autres. — Oui, me dit-il,
vous avez raison ; mais il faut me laisser le temps de
faire de bons choix à la place de ceux qu'a faits mon
prédécesseur. Quand j'aurai ainsi fait une magistrature selon mon idéal, je la livrerai à elle-même. » C'était
soumettre à son pouvoir une des réformes les plus
nécessaires à la liberté et s'endormir au sein d'appa-
rences libérales et de réalités qui ne l'étaient pas.

Dans une démocratie, la première des libertés est la
liberté électorale, et il est bien entendu que la République la respectera. Les lois les plus sévères

doivent l'assurer. Placée sous la protection d'une magistrature complétement indépendante, elle échappera à tous les genres d'action qui la menacent depuis le haut jusqu'en bas. Si le génie de la fraude engendre des actes qui ne se prêtent pas aux peines ordinaires, on trouvera aisément des peines morales qui contribueront à enchaîner la corruption politique sous toutes ses formes ; mais les lois ne suffisent pas à l'établissement et au maintien de cette liberté, si les bons citoyens n'y apportent pas autant et plus d'énergie, et de passion, que les mauvais. En général, toutes les libertés seront fécondes, si nous les animons de nos volontés réfléchies, de nos sentiments arrêtés, et de ce courage si rare dans la vie civile et si commun partout ailleurs.

Il n'y en a pas une qui soit dangereuse, si nous nous décidons enfin à l'aimer, à la pratiquer et à la défendre. C'est donc la doctrine libérale bien plus que la doctrine républicaine qu'il s'agit de faire triompher et de substituer au gouvernement artificiel de la société ; cela demande sans doute de grands efforts de raison, de désintéressement, d'activité politique ; mais le salut de la France et de la liberté les exigent impérieusement. Si nous cédons encore à ces habitudes de paresse, d'inaction et de soumission sans confiance qu'un pouvoir gouvernemental excessif a développées chez nous, l'épreuve échouera et la liberté, après avoir servi de texte aux discoureurs, fera encore le profit des ambitions et les premiers frais de la dictature. Avec des institutions vraiment libérales, le succès est dans nos cœurs et dans nos mains. Mettons-y le courage, la patience et, s'il le faut, l'héroïsme qu'on met dans une guerre nationale et sainte, la victoire est certaine. Prenons pour exemple la liberté d'enseignement qu'aucun esprit éclairé ne conteste plus en théorie. L'éducation de la jeunesse et l'instruction des hommes ne sont pas un attribut essentiel du gouvernement ; c'est une vieille doctrine qui suppose au pouvoir politique une compétence universelle et étend sa mission jusque dans le sanctuaire des familles et dans la formation des esprits ; on voit distinctement son injustice, son impuissance et sa stérilité dans la succession des changements politiques qui ont rempli ce siècle. On a dû enseigner au nom de l'Etat les choses les plus diverses, les plus contraires, les plus hostiles, et jeter ainsi dans les esprits le pire des fléaux, le scepticisme. Mais, d'un autre côté, on ne peut méconnaître à quels périls exposera l'âme de la jeunesse la liberté d'enseignement. Là comme ailleurs la passion, aidée par l'ignorance, se jettera en avant et les plus folles doctrines auront des chaires ; on s'y portera par curiosité et pour satisfaire cette impatience de l'étrange et du nouveau qui nous agite presque tous. La religion y sera combattue, nos croyances les plus consolantes et les plus vives y seront contredites, les règles les plus équitables de notre société y seront soumises à des critiques mêlées de pédantisme et d'agression ; tout cela offrira un spectacle affligeant, et le premier mouvement des consciences sera de réclamer l'enseignement décent et modéré de l'Etat. Mais si on veut bien, au lieu de ce vieil et impuissant refuge, se servir de cette liberté, avec l'ardeur qu'on met à chérir ses enfants et à travailler à leur bonheur, il s'élèvera du sein de la nécessité générale, de la foi du plus grand nombre, de la moralité commune et du foyer des tendresses paternelles, un enseignement qui soulagera nos cœurs, formera nos esprits, réduira l'erreur à une minorité bruyante et fera bientôt cesser la lutte régulière de l'ignorance contre la science véritable et des passions du mal contre le culte du bien.

Ce ne sera plus un ministre de l'instruction publique, tantôt sceptique, tantôt croyant, tantôt philosophe, tantôt athée, qui fera les maîtres de nos fils, nous les ferons nous-mêmes, et, si la majorité de la France est saine et virile, elle trouvera pour ses fils des maîtres à son image. Il serait aisé de démontrer que vis-à-vis d'une liberté moins haute, mais plus directement mêlée à l'action politique du moment, la liberté de la presse, le

résultat sera le même le jour où nous le voudrons sé-
rieusement.

Si on étudie avec soin et d'un cœur sympathique et
ému la récente histoire de la démocratie française,
on lui trouve deux grands adversaires, l'un qui vient
de notre indolence, de nos irrésolutions, de nos mœurs
trop faciles et de nos goûts trop anciens, au milieu de
passions modernes et de devoirs tout nouveaux ; l'autre
qui sert de prétexte à toutes les dictatures, qui se
nomme la démagogie. La démagogie ne se rattache
ni à une doctrine, ni à un principe. C'est le déchaîne-
ment des ardeurs populaires, et son but, si elle en
a un, est le despotisme imposé par des clameurs et
des multitudes en minorité. Toutefois il faut reconnaître qu'elle a chez nous, depuis un certain temps,
un peu changé d'aspect ; elle a bien encore recours
aux vieux costumes, aux bannières menaçantes, aux
programmes anarchiques et violents ; mais elle est
devenue, de certains côtés, prétentieuse, dogmatique,
grosse de réformes sociales. Si elle veut, en même temps
qu'elle soulève et agite ces questions, renoncer à l'em-
ploi de la force et se séparer de la démagogie radicale,
violente, absolue, haineuse, elle a le droit incon-
testable de soumettre ses prétentions aux grandes
assises de la France, souveraine et libre. C'est un devoir
pour nous tous de les discuter et de les examiner sans

parti pris; bien que les lois générales qui règlent la société soient équitables, elles ne sont pas parfaites; l'inégalité des existences et des fortunes est sans doute invincible, mais il y a dans la doctrine chrétienne des sources immenses où le génie de la justice et le sentiment de la fraternité peuvent puiser des améliorations nombreuses. C'est un grand et noble sujet d'étude; la France, affermie dans la liberté, s'y livrera même sans provocation, pourvu que le parti socialiste sépare résolûment ses aspirations et son programme des banalités, des violences, des colères et des négations démagogiques. Sans cela l'instinct dominateur de la conservation coupera court aux débats et s'abritera sous les lois, que l'immense majorité du pays dressera contre les agresseurs. Car si les intérêts et les aspirations populaires méritent d'exciter toutes les forces de nos esprits, et d'agiter nos cœurs jusqu'à la tendresse, la démagogie impitoyable, brutale, tyrannique, insatiable de désordres, de spoliations, de coups de main, doit être définitivement vaincue par l'énergie des volontés et l'usage des lois.

Il existe en France une erreur profonde qui a fait jusqu'ici et qui fait encore aujourd'hui le plus grand tort à la liberté: c'est que cette victoire ne peut être remportée que par ce qu'on appelle un pouvoir fort, et, sous l'empire de cette erreur, on n'essaye même pas de vaincre la démagogie avec la liberté. C'est pourtant là qu'il en faut venir bon gré mal gré, et l'œuvre est plus aisée qu'on ne le suppose. Nous avons pour nous le nombre et la justice ; ayant la liberté pour auxiliaire ou plutôt pour amie, nous sommes sûrs du succès dès que nous le voudrons. Mais ne mettons plus aux prises avec cet ennemi une individualité encombrée de puissance, qu'on exalte sous un nom ou sous un autre ; ne cherchons plus un restaurateur de l'ordre, restaurons-le nous-mêmes. Cette fois il sera définitivement restauré et sans ces actions et ces réactions qui, au lieu du repos chèrement acquis, nous donnent tour à tour une sécurité trompeuse et des réveils toujours pleins d'embarras et d'impuissance, quand les plus grandes douleurs qu'un peuple puisse connaître ne s'y mêlent pas. On soutient que c'est une illusion, que, livrée à elle-même, la démocratie ne peut en liberté triompher de la démagogie, qu'il y faut une main de fer, que les libéraux redoutent l'action et que, dans cette lutte, toujours attaqués, ils se défendent mal et désertent souvent. Mais ce douloureux découragement ne peut plus justifier personne ; il est indigne d'un grand peuple et il nous a été fatal ; il nous le serait encore. D'ailleurs, nous avons su déjà une fois, au sein de toutes les révoltes, faire prévaloir à la tribune, dans la presse, dans les élections, la volonté réfléchie de l'immense majorité du pays;

nous allions l'établir dans les lois, peut-être avec plus de passion conservatrice qu'il n'eût fallu, mais avec solidité, si la paresse civile d'un côté et des arrière-pensées dynastiques de l'autre n'avaient pas rompu l'admirable faisceau formé librement par la nation se gouvernant elle-même. Oui, nous aurions pu alors fonder un gouvernement libre, définitif, nous imposant peut-être des devoirs difficiles et contrariant notre indolence politique. L'expérience a prouvé que nous aurions dû le faire, au lieu de chercher des abris ailleurs que dans notre sagesse et dans nos lois. Ce que nous n'avons pas fait alors, il faut le faire aujourd'hui, et le succès est certain, si nous n'avons pas d'arrière-pensées. Si nous travaillons tous à organiser une France nouvelle et vraiment libre, nous y réussirons : quels que soient leurs drapeaux, les minorités se soumettront volontairement ou par la force de la loi, car la puissance qui sera retirée à ce qui jusqu'ici, sous le nom de gouvernement, a été chargé d'assurer la paix publique et l'ordre, sera donnée à la loi et appliquée par des magistrats indépendants ; la loi sera obéie jusque dans ses rigueurs. On aurait tort de croire que son empire s'affaiblit dans une démocratie libre ; il augmente et remplace toutes les précautions et tous les moyens préventifs des pays trop administrés. Il est vrai que nous n'avons pas su jusqu'ici préserver la loi elle-même de ce défaut de respect qui a tout envahi ; beaucoup la traitaient comme un adversaire asservi au pouvoir politique et se croyaient en droit de la combattre et de l'enfreindre ; ceux mêmes qui la faisaient n'y avaient pas une foi suffisante, et ils choisissaient avec soin ceux qui devaient l'interpréter et l'appliquer à leur profit ; mais désormais elle sortira de la volonté générale, aussi juste que puisse la faire un grand peuple ; elle ne baissera la tête devant personne, elle protégera tout le monde. C'est la reine des peuples libres, et confiée à la garde d'âmes élevées et d'hommes qui n'auront devant eux que son image, elle contiendra la démagogie. Pourquoi la démocratie n'assurerait-elle pas le règne des lois comme le fait l'aristocratie en Angleterre? Comment y serait-elle impuissante? En quoi le principe aristocratique, moins équitable, moins humain, moins élevé que le sien, y serait-il plus propre? Nous n'avons eu jusqu'ici que des passions démagogiques débordant au sein d'une société gouvernée par une monarchie pure ou par une république étendue complaisamment dans le lit de la monarchie. C'était une transaction qui paraissait raisonnable et qui ne l'était pas. Aussi la démagogie n'a-t-elle cessé de grandir, engendrant tour à tour des révolutions et des dictatures, cette vaste école d'immoralités, comme l'a dit RoyerCollard.

Il est bien temps d'y mettre un terme. Si nous n'y parvenions pas, l'âme de la France, ennoblie par tant de douleurs et d'héroïsme, serait encore une fois découragée et la dictature renaîtrait invinciblement de cet instinct de conservation qui pousse les peuples vieillis, fatigués, incrédules, à chercher, comme des enfants débiles, une protection dans la force.

Si, au contraire, nous fondons enfin le régime de la liberté au sein de notre démocratie transformée, passant de l'état d'agitation, de révolte ou d'inquiète abdication, à une vie régulière ; si chacun prend la résolution de travailler à l'établissement des lois et à leur défense comme à la défense même de la patrie; si le pouvoir, débarrassé de ce qui l'excède, est enfin respecté; si nous apprenons à faire sans lui ce qui peut en effet se passer de lui ; si nous ne laissons pas les violents et les utopistes se servir seuls de la liberté ; si nous nous servons d'elle avec piété et courage ; si nous élevons enfin au-dessus de nous tous une justice grande, sainte, obéie, la démocratie, bien plus aisément que la guerre, rétablira notre grandeur dans le monde. Il n'y a pas un peuple qui, voyant ce principe donner d'admirables fruits d'ordre, de liberté, de paix publique et féconde, ne le trouve plus équitable, plus conforme à la dignité humaine, plus solide et moins artificiel que le pouvoir

6.

absolu d'un seul ou de quelques-uns. La propagande sera immédiate et, jusqu'au fond des empires qui semblent défier la justice et la raison, la souveraineté du peuple, unie à la liberté, remplacera les puissances arbitraires et les volontés tyranniques. Si la révolution française n'était pas tombée dans des excès de violence et de sang, il y a longtemps que ses grands et sages principes auraient, gagnant le cœur des peuples, triomphé partout. Quand on prend Dieu pour source de l'humanité et la raison pour guide, ils apparaissent clairement comme les seuls principes dignes de prétendre au gouvernement des sociétés. Mais nous les avons gâtés ; ils ont, au sein de nos longues et cruelles discordes, perdu leur beauté native et leur irrésistible influence. Nous avons un instant essayé de les répandre par les armes, l'œuvre devait échouer, en dépit du génie qui la tentait ; les peuples ont une fierté qui leur fait préférer une patrie injustement gouvernée à une patrie défaite, et ils ont vu dans la France un ennemi de leur honneur ; de cette façon, nous ne leur avons porté que la haine ; et à nos agitations, ils ont jugé que, pour nous-mêmes, les bienfaits de la révolution paraissaient incertains. Le jour où cette incertitude aura cessé, et où s'élèvera devant eux, à la place de nos armes menaçantes ou brisées, le spectacle d'une France forte et libre, ils ne nous laisseront pas jouir de ces fruits merveilleux de liberté civile et politique, sans vouloir les goûter eux-mêmes ! Sans doute le monde a récemment montré un cruel scepticisme, mais cela vient de ce qu'aucun peuple sur le continent n'est établi, fortifié, épuré dans une démocratie honnête et libre. Celui qui introduira cette belle nouveauté n'aura pas seulement une action directe sur le sort politique des autres ; il agira puissamment dans l'ordre moral et aidera à rétablir le sentiment et la justice qui fuient maintenant devant l'intérêt et la force. Les hommes s'égarent visiblement à la recherche d'une fausse civilisation. Cet égarement s'aperçoit au milieu de cette poussière de sang qui, à la place de la gloire, couvrira d'une tache ineffaçable les auteurs de ces longs et savants homicides qui viennent de se commettre. Il soulève l'âme d'horreur et de dégoût, et c'est bien devant lui et sa précision sanguinaire qu'on peut se dire avec une tristesse sans bornes : Quel progrès les partis politiques ont-ils fait faire à la moralité générale de l'espèce humaine ? Mais n'est-ce pas précisément l'heure de remplacer chez nous une démocratie impatiente, tumultueuse et soumise, tour à tour endormie ou rebelle, mère des dictatures, fille des séditions, argument de tous les despotismes, auxiliaire des utopies et des violences, par une démocratie apaisée, virilement assidue aux devoirs de la liberté, maîtresse d'elle-même, où l'homme amélioré travaille au bien commun, où chacun donne sans contrainte ce qu'il a de meilleur, et où la justice et la loi, inspirées et secondées par la volonté générale, répriment toutes les séditions, et diminuent toutes les erreurs?

Si le malheur qui a si durement frappé la France produit ce résultat ou seulement nous aide à le préparer, on pourra encore dire de la guerre qu'elle est divine, puisque, après elle, aura commencé la grandeur définitive et exemplaire de la démocratie française.

Montesquieu a écrit qu'il ne fallait pas confondre la liberté du peuple avec le pouvoir du peuple. Si nous n'arrivions pas à faire que ces deux choses se confondent, l'idée même de la souveraineté nationale finirait par être discréditée. La France alors retomberait dans le hasard jusqu'au moment où, fatiguée de l'impuissance et de l'anarchie démocratiques, elle chercherait, n'importe où, un joug salutaire, suivant l'exemple de ces malades trompés et meurtris par les empiriques et qui viennent avec repentir et confiance se soumettre à l'autorité légitime de l'expérience et du savoir.

TABLE

Paris. — Imprimerie de E. Donnaud, rue Cassette, 9.